MEMOIRE

SUR

LES ÉVÉNEMENTS

DE LA RUE TRANSNONAIN.

IMPRIMERIE DE GUIRAUDET,
RUE SAINT-HONORÉ, N° 315.

MÉMOIRE

SUR

LES ÉVENEMENTS

DE LA RUE TRANSNONAIN,

DANS

LES JOURNÉES DES 13 ET 14 AVRIL 1834,

PAR

LEDRU-ROLLIN,

AVOCAT.

Jusne datum sceleri !

LUCAN., *Phars.*, liv. 1er.

PARIS,

GUILLAUMIN, LIBRAIRE,

RUE VIVIENNE, N° 43.

1834.

A MESSIEURS

LES MEMBRES DE LA COUR DES PAIRS.

MESSIEURS,

Plusieurs journaux ont publié qu'à l'une de vos séances d'avril, M. le procureur-général près la cour royale de Paris avait déclaré qu'il serait procédé à une instruction sur les faits que j'articulais dans ma requête au roi.

Cependant aucun locataire de la maison rue Transnonain, n° 12, n'a encore été entendu.

Après avoir laissé, mais en vain, à la justice le temps d'accomplir son œuvre, j'ai cru, dans son inaction, ne pouvoir garder plus long-temps le silence sans manquer à la mémoire des miens, si indignement calomniée, sans manquer au pays, et à ma propre conscience.

J'ai donc, réduit à moi-même, réuni des preuves, des témoignages, que M. Ledru-Rollin, mon ami, a transcrits, développés, dans le Mémoire qui va suivre.

Puisse la vérité, devenue évidente sous sa plume, éclairer le pays, apaiser des mânes outragés, et vous mettre à même, organes de la justice, d'accomplir vos devoirs!

Charles BREFFORT.

MEMOIRE

SUR

LES ÉVÉNEMENTS

DE LA RUE TRANSNONAIN.

Plus de trois mois se sont écoulés depuis les tristes journées des 13 et 14 avril; et il n'est aucun de nous, quelle que soit sa nuance politique, qui ne conserve encore vive et profonde l'impression d'horreur dont il a été saisi à cette triste nouvelle. « Dans une seule mai- » son de la rue Transnonain, douze cadavres gisent af- » freusement mutilés; quatre personnes ont été dange- » reusement blessées : femmes, enfants, vieillards, n'ont » pas trouvé grâce. »

Au récit de cette scène sanglante, l'âme s'ouvrait à deux sentiments différents : l'un de pitié pour les morts, l'autre tout d'égoïsme et de personnalité. On mesurait de la pensée l'espace qui vous séparait de ce théâtre lugubre; et, en frissonnant, on remerciait Dieu d'être sorti du sommeil autrement que par la mort.

Déjà, il est vrai, on répandait par la ville qu'il n'y avait point eu de victimes; qu'il ne s'était rencontré que de lâches assassins, tués les armes à main; mais à ces insinuations le bon sens public répondait que, parmi les malheureux qui avaient cessé de vivre, il en était qui, par leur âge, par leur sexe par leur sympathie même pour l'ordre de choses actuel, avaient dû être frappés suppliants, inoffensifs. Pour ceux là, au moins, il fallait en convenir, une mort imméritée était venue les surprendre au milieu de leurs pacifiques projets, de leurs douces affections.

Comment alors les plus indifférents, pouvant envisager dans cette histoire du jour leur avenir du lendemain, ne se seraient-ils point émus?

Aussi toutes les opinions se sont-elles ébranlées, fortes de ce principe, qu'un système, pour peu qu'il soit civilisé, doit protection à quiconque n'attaque pas; et, si des organes de la presse, les uns par pudeur ont nié les faits, si les autres ont cherché à les prouver, tous ont été d'accord en ce point, qu'une fois constatés, il en fallait faire prompte et sévère justice.

Justice! C'est à ce mot prononcé par l'autorité que s'est arrêtée la polémique ardente des partis; c'est à ce mot que Charles Breffort, mon client, mon ami, qui répandait dans sa requête au roi, en termes si nobles, si énergiques, les regrets poignants que lui inspirait la mort d'un frère, d'un neveu, a concentré quelque temps sa douleur.

Cette promesse de justice, le croirait-on! n'était qu'un leurre, qu'un passeport d'oubli. Depuis le 14 avril aucun des locataires qui ont échappé au massacre de la maison rue Transnonain, n° 12, n'a été interrogé, hormis un seul, et l'on pourra savoir pourquoi. Singulier contraste! le moindre vol suscite une enquête rapide, et douze cadavres ne meritent pas le même intérêt.

La vérité ferait-elle peur?

Cependant, chaque jour encore, on cherche à nous donner le change: la cour des pairs instruit, dit-on. C'est ici qu'une fois pour toutes il se faut bien entendre. Oui, la cour des pairs procède, au nom du gouvernement, contre des insurgés qui auraient fait résistance (ce qui, d'après nous, nous est tout-à-fait étranger); mais la cour des pairs n'instruit pas sur les faits articulés par les veuves, par les orphelins, par les parents des locataires tués rue Transnonain, n° 12, qui viennent dire : « Les nôtres, » sans aggression de leur part, ont été lâchement, traî- » treusement assassinés sous nos yeux. »

Qu'on réponde : entendre les soldats qui sont ainsi accusés, et non les victimes qui accusent, est-ce donc faire justice?

Charles Breffort ne l'a pas pensé. Pour repousser les calomnies dirigées contre la mémoire de son frère, contre celle de son neveu; pour éclairer la cour des pairs et le pays, il est sorti de son affliction; il a recueilli des renseignements, des faits : et c'est armé de déclarations signées par les témoins mêmes de ces scènes déchirantes qu'il est venu réclamer l'appui de mon zèle, pour produire sous son véritable jour le drame inouï de la rue Transnonain.

Je m'y attends, ses intentions, comme les miennes, seront dénaturées, noircies : Breffort, sous l'apparence sacrée du culte de famille, du respect dû aux mânes, aura été guidé par un autre intérêt; moi, jeune homme, j'aurai saisi une occasion de scandale, pour attacher quelque bruit à mon nom.

Quant à Breffort, sa vie entière est là pour répondre: ami des lettres, il les cultive dans une honorable aisance; aisance qu'il pense si peu à augmenter, que, depuis la fin tragique de son malheureux frère, il n'a pas même songé à se porter son héritier. Ah! que, si comme moi on connaissait sa vie débile, dont le fil est prêt à se rompre à chaque pas, on dirait : « Honneur à lui qui, aux risques d'en abréger le cours, » a accumulé en quelques jours plusieurs mois de souf-

» frances, pour accomplir avant que de s'éteindre ce » qu'il regardait comme le dernier vœu d'un mourant. »

Pour moi, je dois compte du sentiment qui dirige ma plume. Ici, comme dans une autre circonstance où ma voix n'a pas été sans écho (1), citoyen, j'ai pensé qu'il est au-dessus des luttes politiques, des partis qui s'effacent, des règles de justice éternelle et immuable; homme, j'ai senti que, dans ces morts qui m'étaient étrangères, j'aurais pu avoir à déplorer celle d'un proche, d'un ami. Je n'ai donc considéré dans cette cause qu'une cause ordinaire, où la seule morale devrait m'inspirer, et où on ne saurait me nier le droit de libre discussion, sans porter atteinte à tout ce qu'il y a de saint.

A ceux-là qui me crieront que j'excite les passions, que je réveille de tristes souvenirs, qu'il faut laisser les morts à la tombe et couvrir d'un voile le passé, je répondrai par ces éloquentes paroles de M. Guizot, à qui l'on reprochait aussi, en d'autres temps, d'évoquer l'ombre plaintive du jeune Lallemand:

« Je proteste de toutes mes forces, disait-il, contre ce » système d'oubli, lâche et impuissant compagnon du sys- » tème de silence. Ne dirait-on pas, en vérité, que la na- » ture humaine est si peu faible, si peu légère, qu'elle a » besoin d'être exhortée à oublier? Quoi! nous chemi- » nons tous d'un pas tranquille sur ces places où le sang a » si long-temps ruisselé sous nos yeux; les crimes et les » maux dont tant de destinées, tant de cœurs sont encore » brisés, sont déjà pour nous de l'histoire, et vous vous » plaignez qu'on n'oublie point assez? Vous demandez aux » sentiments de disparaître encore plus vite; à l'expé- » rience, d'effacer plus tôt ses leçons; à l'esprit de l'hom- » me, d'être encore moins sérieux, moins ferme, moins ca-

(1) L'état de siége, en 1832.

» pable d'énergie et de constance! Et pourquoi? Vous
» nous parlez de haines à étouffer, de dissensions à étein-
» dre, de paix publique à rétablir. Vous vous abusez : ce
» n'est pas là votre vrai motif. Vous vivez vous-mêmes de
» souvenirs: il en est qui font votre force et que vous n'a-
» vez garde de repousser : mais il en est aussi qui vous gê-
» nent et peut-être vous accusent. C'est à ceux-là, et à
» ceux-là seuls que vous en voulez. Votre prétention est
» de mutiler le passé, de tronquer notre mémoire, d'en
» enlever ce qui vous importune, d'y maintenir ce qui
» vous sert.

» Nous n'accepterons pas de tels conseils. Point de pri-
» vilége en fait de souvenirs; qu'ils vivent tous pour l'in-
» struction des gouvernements et des peuples; que le passé
» nous raconte toutes ses fautes et tous ses malheurs. Le
» temps n'est que trop prompt à en affaiblir la puissance;
» le cœur humain n'est que trop porté à se décharger de ce
» qui lui pèse. Ne venez pas énerver encore son peu de sa-
» gesse et de vertu; laissez-le se souvenir quand il se sou-
» vient : il s'en lassera assez vite; il oubliera assez facile-
» ment et les erreurs, et les injustices, et les maux qui de-
» vaient l'instruire. . . . . Vos efforts sont
» vains! les hommes n'oublient point ce qui les a fait
» souffrir; qu'en le condamnant, ils condamnent aussi ce
» qu'ont souffert d'autres hommes. En dépit de l'esprit de
» parti, un tel jugement, souvent répété, produit tôt ou
» tard son effet; tôt ou tard il apprend à tous que la jus-
» tice est l'intérêt comme le droit de tous; et, *quel que
» soit le dernier vainqueur, s'il a eu souvent à réclamer
» l'équité, il est moins inique dans sa victoire.* »

Il y a maintenant treize ans que M. Guizot écrivait ces lignes; et si, comme par un de ces retours subits dont parle Bossuet, il avait dû servir de sanction à ses paroles, et nous être, lui, homme grave, un exemple plus frappant de l'instabilité humaine qu'il déplorait si bien, ces principes, il les a oubliés. Pour cela, en sont-il moins sacrés; pour cela, m'autorisent-ils moins à démasquer ce qui fut crime dans l'histoire de la rue Transnonain.

Je le ferai simplement, je laisserai parler les témoins; je passerai en revue les explications données par les agents du pouvoir; j'examinerai, d'après les règles posées à une autre époque par ceux-là mêmes qui aujourd'hui régissent les affaires, si, en cas de discorde civile, il peut jamais être permis au pouvoir, pour se soutenir, de tuer indistinctement et sans formalité; puis alors, le pays, dans son impartialité, dira à qui le droit, à qui le crime.

On connaît par avance la maison dont je vais parler. Située à l'angle de la rue Transnonain et de la rue de Montmorency, elle a en hauteur cinq étages; elle est éclairée sur la rue de Montmorency et sur la rue Transnonain. C'est par cette dernière qu'une porte bâtarde y donne accès.

« Le dimanche 13 avril, dit Closménil, l'un des locataires de cette maison (1), sur les 4 heures et demie à 5 heures du soir, 12 ou 15 hommes biens mis, sans armes, prirent quelques menues pièces de bois chez M. Paillard, marchand de bois en face de la maison n° 12; ils les transporterent au coin des rues de Montmorency et Transnonain pour en barrer le passage. Bientôt survint un ouvrier en bonnet de coton noir; il interpelle vivement un de ces messieurs, disant qu'il ne devaient pas faire de barricades. Après un échange de paroles fort animées, l'ouvrier resta maître de la place; les jeunes gens, indécis, se retirèrent sans au-

(1) Closménil, maçon, rue Transnonain, n° 12. Sa femme atteste les mêmes faits.

cune espèce de résistance, et l'ouvrier put reporter quelques pièces de bois à l'endroit où on les avait prises. Il finit par s'en aller. »

Alors madame Daubigny (1), locataire d'une boutique dans la maison, disait :

« Je ferais ôter le reste de ce bois, si j'avais quelqu'un pour aider Joseph, mon apprenti. — Qu'à cela ne tienne, » répondit Séraphine Bruneau (2).

Et elle se mettait à l'ouvrage, quand quelques hommes, la voyant seule, accoururent, s'écriant :

« Pourquoi ôtez-vous cela? — Je croyais bien faire, » repartit-elle.

Et les hommes reprirent le bois, qu'ils portèrent au milieu du ruisseau.

« Comme je rentrais de chercher du pain, ajoute Closménil, je vis des gens moitié bien mis, moitié ouvriers, retirer des pavés et les amonceler. Aucun d'eux n'avait d'armes. A ce moment une tricycle passait : ils en firent descendre très poliment les gens qui s'y trouvaient, en dételèrent les chevaux, et la renversèrent à l'angle de la rue de Montmorency et de la rue Transnonain. Peu après une écossaise eut le même sort. »

Séraphine Bruneau. — « Tout le monde disait: C'est singulier, pourquoi laisse-t-on faire de l'ouvrage comme ça? Il n'y a pas de monde; ce n'est qu'une petite poignée d'arsouilles. »

Madame Lepère (3). — « J'ai vu un grand monsieur, tellement indigné, qu'il donna un soufflet à un de ces travailleurs. »

(1) Déclaration de madame Daubigny, marchande de meubles, locataire de la même maison.

(2) Séraphine Bruneau, sœur de la portière de cette maison.

(3) Locataire de la maison, 4e étage.

Closménil. — « Les voitures une fois renversées, les choses en restèrent à peu près là. Les hommes paraissant les plus raisonnables s'en allèrent. La barricade ne fut guère continuée que par des gamins qui survinrent. On circulait dans la rue; sur les six heures, je remontai chez moi.

» A six heures un quart environ, de la fenêtre de M. Lamy, chez lequel j'apprête les huiles, je vis une vingtaine de gardes municipaux, que j'avais d'abord pris pour des gardes nationaux, sortir de l'impasse des Anglais. Ils firent une décharge de fort loin: quatre ou cinq personnes tombèrent au coin de la rue Beaubourg et de la rue Grenier-Saint-Lazare. On ne fit aucune espèce de riposte; on se dispersa à toutes jambes. Cependant les gardes municipaux, sans avancer d'un pas, sans venir se mettre dans la barricade, où personne n'était resté, se contentèrent de rentrer dans le cul-de-sac des Anglais.

» Une demi-heure s'était à peine écoulée, qu'on se hasarda peu à peu à revenir sur les lieux. Puis, de six à huit heures du soir, il y eut grande affluence. Les uns travaillaient, toujours sans armes; les autres regardaient; et, à cause du dimanche, le nombre des curieux était grand. Déjà la barricade devenait haute; les travailleurs aidaient à passer, en leur donnant la main, hommes et femmes qui rentraient chez eux. Tous les gens qui, comme moi, veulent la tranquillité, s'étonnaient hautement que l'autorité n'empêchât pas tout cela. A huit heures je suis remonté chez moi, et n'ai plus rien vu. »

Madame Daubigny. (1) — « Depuis cette heure jusque vers les onze heures du soir on tirait de la barricade quelques coups de fusil de loin en loin.

(1) Extrait de sa déclaration.

« Ceux qui la gardaient frappaient à toutes les portes, disant : « Il faut nous ouvrir vos maisons, en cas d'a-
» lerte, pour nous servir de refuge, et nous donner vos
» meubles et tout ce qu'il faudra pour les barricades. »

« Lâches de Doyen, criaient-ils plus tard, ouvrez
» vos portes, pour la dernière fois, ou nous les défon-
» çons (1) : il en est temps, il y a long-temps que vous
» refusez (2). »

Cependant, depuis l'instant où Closménil était rentré, à huit heures du soir, jusqu'au lendemain cinq heures et demie du matin, moment auquel la troupe de ligne cherchait à l'enfoncer, la porte ne s'était point ouverte, si ce n'est à dix heures et demie du soir, pour laisser sortir MM. Hippolyte et Ernest, camarades qui viennent visiter M. Lamy tous les soirs. Ce fait est attesté par tous les locataires sans exception.

« De onze heures et demie du soir à une heure du matin, dit Madame Daubigny, on n'entendait plus rien; la barricade était déserte; tout paraissait tranquille; mon mari et moi nous nous décidâmes à nous coucher.

» Mais à quatre heures du matin elle s'était de beaucoup augmentée : il y avait cependant toujours peu de travailleurs; ils menaçaient encore, mais sans le tenter, d'envahir les maisons. »

« Le 14, à cinq heures du matin, nous entendîmes (disent M. et Mademoiselle Hordesseaux) la trompette des voltigeurs du 35e, qui se portaient, par la rue de Montmorency, à l'angle de la rue Transnonain. Les chefs criaient : « Ajustez bien vos coups; tirez donc, lâches,
» tirez juste. » Nous voyions tout à travers nos rideaux

(1) Extrait de la déclaration de M. et mademoiselle Hordesseaux, locataires de la maison.

(2) Extrait de la déclaration de la portière et de sa sœur.

de mousseline. Les coups de fusils se sont échangés près d'une demi-heure. La barricade était très élevée. Les soldats s'en sont rendus maîtres.

» NOUS CROYIONS TOUT TERMINÉ. Le calme était rétabli, lorsque tout-à-coup nous entendîmes les chefs crier aux soldats : « A la porte de fer, chez Doyen. » *Nous pouvons affirmer que ces cris et ces ordres n'avaient été précédés d'aucun coup de feu, ni d'aucune lutte qui aurait succédé à* CE SILENCE, *dans la rue ou dans les maisons.* »

Madame Lepère.—(1)« A cinq heures et demie nous étions sur le carré mon mari et moi. Nous vîmes la dame Louis qui montait ; elle nous dit que la troupe de ligne était maîtresse de la barricade. *Ah bien ! tant mieux, dit mon mari, nous sommes sauvés.* Ensuite la dame Louis nous invita à monter chez elle : nous n'y sommes pas montés ; nous entrâmes chez M. Robiquet. Il n'était pas encore levé.

» Au bout *d'un instant* j'entendis du bruit dans la maison. »

Annette Vaché (2). — « A cinq heures du matin, nous entendîmes crier : « A bas le 35e ! » On engagea un feu soutenu.

» *Un instant s'écoula sans rien entendre.*

» Ce fut alors qu'on fit une décharge et qu'on fondit sur notre maison. »

Madame Daubigny. — « A cinq heures la troupe *est arrivée par la rue de Montmorency* ; elle a fait un feu nourri et *s'est emparée de la barricade.*

» PEU APRÈS un autre peloton de voltigeurs *est sur*

(1) Locataire du 4e.

(2) C'est l'amie du jeune Louis Breffort.

venu par la rue Transnonain, sapeurs en avant; ils cherchaient, mais vainement, à briser la porte de notre maison, dont la solidité est extrême.

« C'est la ligne, s'est-on écrié dans la maison, *ah!*
» *voilà nos libérateurs, nous sommes sauvés!* »

« M. Guitard, mon mari et moi, nous descendons en toute hâte pour ouvrir. Plus leste que ces deux messieurs, je me jette à la loge de la portière, je tire le cordon, la porte s'ouvre. Les soldats se précipitent dans l'allée, font un demi-tour à droite, et frappent mon mari et M. Guitard, au moment où ceux-ci arrivaient à la dernière marche de l'escalier. Ils tombent sous une grêle de balles. L'explosion est telle, que les vitres de la loge, d'où je n'avais pas eu le temps de sortir, volent en éclats. J'eus alors un instant de vertige; il ne me quitta que pour me laisser voir le corps inanimé de mon mari étendu près de celui de M. Guitard, dont la tête était presque séparée du cou par les nombreux coups de fusils qui l'avaient atteint. »

« Rapides comme la foudre (1), des soldats, un officier en tête, franchissent le second étage. Une première porte pleine à deux battants a cédé à leurs efforts, une double porte vitrée résiste encore. Un vieillard se présente qui l'ouvre : c'est M. Breffort père. « Nous sommes, dit-il à l'officier, des gens tranquilles,
» sans armes, ne nous assassinez pas. » Ces paroles expirent sur ses lèvres, il est percé de trois coups de baïonnette, il pousse des cris. « *Gredin*, dit l'officier, *si tu ne te tais*
« *pas, je te fais achever.* » Annette Besson s'élance d'une pièce voisine pour voler à son secours. Un soldat fait volte-face vers elle, lui plonge sa baïonnette au-dessous de la mâchoire, et dans cette position lui lâche un

(1) Extrait de la déclaration de madame Poirier-Bonneville.

coup de fusil dont l'explosion lance des fragments de sa tête jusqu'aux parois du mur (1). Un jeune homme, Henri de Larivière, la suivait. Il est tiré de si près, lui, que le feu prend à ses vêtements, que le plomb pénètre jusqu'à une grande profondeur dans le poumon. Il n'est cependant blessé que mortellement, le malheureux! Oh! alors un coup de baïonnette divise transversalement la peau du front et montre le crâne à découvert, alors aussi il est frappé par derrière, il porte dans le dos des blessures à sept places différentes(2). Et déjà la pièce n'était plus qu'une marre de sang; et M. Breffort père, qui, malgré ses blessures, avait eu la force de se réfugier dans une alcôve, était poursuivi par les soldats; et madame Bonneville, le couvrant de son corps, les pieds dans ce sang, les mains vers le ciel, leur criait : « Toute ma famille est étendue à » mes pieds, il n'y a plus personne à tuer, il n'y a plus » que moi, » et cinq coups de baïonnette, ô profanation! perçaient ses mains en prière. »

L'appartement de M. Breffort père a une dépendance en retour; elle était habitée par le sieur Hordesseaux et sa famille. Voyons, que s'y passait-il? Ecoutons sa fille :

« Un soldat force la porte de communication. « Rendez-vous, dit-il à ma sœur et à moi, qui étions devant mon père. — Encore un homme ici! il faut » qu'il meure comme les autres. — Je suis de la garde » nationale, j'ai mon fusil et mon sabre, je suis prêt à » vous les remettre. — Reculez-vous, nous faisait-il » toujours, que je le tue. — Mais, je vous en conjure, » ma mère est tombée d'apoplexie, entrez, visitez son » lit, il est plein de sang, elle a été saignée ce matin. »

(1) Procès-verbal d'autopsie.

(2) Idem.

Alors il visita et fouilla papa. — « Je vais prévenir » mes camarades : je ne veux pas *faire comme les au-* » *tres, tuer sans savoir*, car vous seriez tous perdus. » — Ils revinrent à plusieurs, et, après avoir visité, ils emportèrent le sabre et le fusil. »

« Au 4ᵉ, les soldats qui venaient de tuer M. Lepère et M. Robiquet disaient à leurs femmes : « Mes pauvres » petites femmes, vous êtes bien à plaindre de perdre » ainsi vos maris. Mais *nous sommes commandés*, » *nous sommes forcés d'obéir aux ordres*, *nous som-* » *mes aussi malheureux que vous* (1). »

Ici l'attention doit s'arrêter un instant. C'est du meurtre de Louis Breffort qu'il va s'agir. On a répandu dans le public que de sa fenêtre un coup de fusil provocateur aurait été tiré : je dois donc rapporter cet épisode avec quelque détail.

Annette Vaché, son amie, qui ne l'a pas quitté depuis le 13, cinq heures du soir, jusque après sa mort, le raconte en ces termes :

« Le 13, à cinq heures du soir, je m'étais rendue chez M. Louis Breffort jeune. J'y rencontrai M. de Larivière. On causait d'affaires indifférentes. M. de Larivière avait proposé à Louis d'aller dîner au Palais-Royal et de m'emmener avec eux. La proposition fut acceptée, un rendez-vous indiqué, et M. de Larivière, qui venait de Versailles et avait des courses à faire dans Paris, partit devant. Mais, les barricades commençant, Louis et moi nous nous déterminâmes à rester à la maison.

» M. de Larivière revint d'assez bonne heure dans la soirée se plaindre de ce que nous avions manqué de parole, et chercher un papier dont il avait absolument besoin le lendemain pour l'Ecole de droit.

(1) Déclaration de madame Lepère, locataire de la maison.

» Louis descendit dîner chez ses parents, et me remonta à manger. M. Breffort père avait retenu M. de Larivière à cause du danger qu'il pouvait courir en sortant.

» A dix heures et demie du soir, Louis revint près de moi se coucher. Notre nuit fut agitée. A cinq heures du matin, M. de Larivière, qui avait passé la nuit au deuxième, chez M. Breffort père, monta nous souhaiter le bonjour; il nous dit qu'il avait très mal dormi, et qu'il avait entendu crier toute la nuit.

» Une voix appela Louis d'en-bas : c'était de chez son père. M. de Larivière descendit dire qu'il allait venir. Louis était en train de s'habiller; j'étais à peine vêtue moi-même, quand, entendant un grand bruit dans l'escalier, la curiosité m'attira jusqu'au quatrième.

« Où vas-tu ? » me crient des soldats. Frappée de stupeur, je ne réponds pas. « Ouvre ton châle. » J'ouvre mon châle; on tire un coup de fusil sur moi, on me manque. « Arrête! » me crie-t-on encore, et on tire un second coup de fusil sur moi; je pousse un cri perçant, et j'arrive avec peine jusqu'à la porte de Louis. « Es-tu blessée ? me » dit-il en la fermant sur moi.—Je ne crois pas; ils m'ont » tirée de si près qu'ils ne m'auraient pas manquée; je » pense qu'il n'y a pas de balles dans leurs fusils, qu'il n'y » a que de la poudre.—Comment, pas de balles! mais ton » châle en est percé en plusieurs endroits.—Ah mon Dieu! » ils vont nous tuer. Louis, Louis! cachons-nous. Tiens, » tiens, essayons de monter sur le toit: nous nous aide- » rons l'un l'autre. — Non, dit Louis, *on ne tue pas le* » *monde comme ça*; *je vais leur parler.* »

» Déjà les soldats frappaient dans la porte. Louis la leur ouvre. « Messieurs, s'écrie-t-il, que voulez-vous? » Ne nous tuez pas: je suis avec ma femme, nous venons » de nous lever. Faites perquisition, vous verrez » que je ne suis point un malfaiteur. » Un soldat l'ajuste,

Louis tombe de son haut la face contre terre, il pousse un long cri, Ah!..... Le soldat lui donne deux ou trois coups de crosse sur la tête, du pied le retourne sur le dos pour s'assurer qu'il était bien mort. Je me jette sur le corps de mon amant. « Louis, Louis! Ah, si tu m'en-» tends!...» Un soldat me renverse sur le carreau. Quand je me relevai, les soldats avaient disparu. Je prêtai l'oreille: j'entendis de nouveaux pas, on revenait dans la chambre. J'eus peur, je me fourrai sous les matelas. « Est-ce qu'il n'y a plus personne à tuer ici? disait une » voix. Cherche donc sous les matelas. — Non, répon-» dait une autre, je viens d'examiner; il n'y en avait » qu'un, tu le sais, va, il est bien mort (1). »

A cette déclaration d'Annette Vaché viennent se joindre celles d'*Annette Bourgeot*, de *madame Godefroy*, du frère de *M. Hú.*

« Une jeune fille que je ne connaissais pas, dit *Annette Bourgeot*, est entrée comme une éperdue dans ma chambre, en criant :«Les malheureux! ils ont tué mon amant. »

» Elle n'était point habillée; elle n'avait que ses bras fourrés dans sa robe; elle paraissait sortir du lit; elle n'avait pas de bas. Nous rentrâmes même, elle et moi, dans la chambre de M. Louis pour les chercher. Mais ils avaient disparu ainsi que sa montre qu'il avait posée, le soir, sur la table de nuit. »

Madame Godefroy (2) fait une déclaration absolument identique :

« Cette jeune fille, dit-elle, était à peine vêtue; j'ai la conviction qu'elle et M. Louis venaient de se le-

(1) Extrait de la déclaration de mademoiselle Annette Vaché.

(2) Madame Godefroy, épicière, en face du n° 12, et qui avait quitté sa boutique pour se réfugier au n° 12, regardant cette maison comme plus sûre.

ver : car j'ai vu le cadavre de M. Louis par terre, il n'était point habillé, il n'avait que sa chemise, un pantalon et une bretelle. »

M. Hû (1). — « Dès que mon frère fut tué, madame Hû, ma belle-sœur, m'envoya chercher. J'arrivai rue Transnonain, n° 12, à huit heures et demie du matin. Je n'obtins la permission d'entrer dans la maison qu'accompagné d'un officier du 54ᵉ. Parmi les quatre cadavres qui étaient dans la chambre de M. Bouton, je reconnus celui de mon frère. Comme sur ma route j'avais déjà entendu répandre le bruit qu'on avait tiré de la maison et qu'il y avait eu un capitaine de tué, je vérifiai, pour l'acquit de ma conscience, en présence de l'officier, les mains et la bouche des quatre cadavres : *je n'y trouvai aucune trace de poudre.* J'entrai ensuite dans la chambre de M. Louis Breffort : il était étendu sur le dos, *en chemise, avec un pantalon soutenu par une seule bretelle, sans bas et avec des savates. J'examinai également sa bouche et ses mains, et je n'y trouvai pas non plus la moindre trace de poudre.* »

Combien, en présence de tels témoignages, j'éprouverais le besoin de faire tomber de suite les imputations adressées à la mémoire de Louis Breffort, si le récit des faits n'avait été déjà que trop interrompu ! Je le reprends donc :

Nous voilà à la chambre de *Bouton*, de l'infortuné Bouton, dont le nom a été répété par toutes les bouches. Recueillons nos forces, car c'est à peine si l'on pourra croire qu'un si petit espace ait pu suffire à tant de meurtres. Quant à moi, je n'oublierai de ma vie le frisson qui parcourut mes membres quand j'entrai dans

(1) Extrait de la déclaration de M. Hû, *étranger* à la maison, demeurant rue de la Huchette.

cette chambre pour la première fois, précédé de la veuve Pajot.

Le jour commençait à tomber; du doigt elle m'indiquait les traînées, les fusées de sang empreintes sur les murs. Puis, tout à coup, d'une voix entrecoupée de sanglots :

« C'est ici, s'écria-t-elle, les gueux, qu'ils ont tué mon enfant, mon pauvre enfant. Ah! les lâches, que ne m'ont-ils tuée aussi!.... C'est ici qu'ils ont tué M. *Hû*; c'est ici qu'ils ont tué *Thierry*, c'est ici qu'ils ont blessé la cousine de M. Bouton, le petit *Léon Hû*, Francis *Bruneau*. C'est ici, dans ce coin, sous une table où il s'était blotti, qu'ils ont percé de *cinquante et un* coups de feu et de bayonnettes ce respectable M. *Bouton*. Ah! monsieur, que sa mort fut horrible! Je ne voyais qu'avec peine, parce que la fumée des décharges avait obscurci la chambre, mais de ma place j'entendais les coups de baïonnettes qu'ils lui *bourraient* dans le corps : CELA FAISAIT FROU...... FROU..... COMME LA LAME D'UN COUTEAU QU'ON AGACE DANS LA PAILLE D'UNE CHAISE (1). »

Ce massacre si tragiquement reproduit par la veuve Pajot est raconté avec les mêmes détails par madame *Hû* (2).

« Dès la veille, dit-elle, nous avions été jusqu'à seize personnes, hommes et femmes, dans le cabinet occupé par M. Bouton. Nous nous y étions retirés dès que les insurgés menacèrent d'envahir la maison, car eux seuls nous inquiétaient. Nous ne pensions guère, hélas! à avoir à redouter quelque chose de la troupe. Nous étions absolument les uns sur les autres. M. Bouton nous avait tant de fois parlé de ses campagnes, des

(1) Extrait de la déclaration de la veuve Pajot, portière de la maison.
(2) Madame Hû, marchande de meubles, locataire d'une boutique.

dangers qu'il avait courus, que nous nous croyions plus en sûreté près de lui, cela était si naturel.

» Nous étions encore treize, quand les troupes cherchèrent à briser la porte. A ce moment, nous n'avions plus de sang dans les veines.

» Madame *Godefroy* était la plus près de la porte. Elle tenait un enfant de quinze mois sur ses bras; après elle venait M. Hû, mon mari, portant également notre enfant dans les siens. Madame Godefroy ne voulait pas ouvrir.

« *Ouvrez, ouvrez, dit mon mari, que ces messieurs* » *voient* (*il présente son enfant en avant*) *: nous* » *sommes, vous le voyez, avec notre famille, mes* » *amis, mes frères! Nous sommes ici tous pères et* » *mères de famille pacifiques. J'ai un frère qui est* » *soldat aussi sous les drapeaux en Alger.* »

» Madame Godefroy est poussée dans le corridor. M. Hû, frappé à mort, tombe avec son fils sur le côté droit. L'enfant a le bras fracassé d'une balle.

» Une inspiration de mère, ajoute madame *Hû,* me le fit arracher des bras de mon mari, et en me jetant en arrière, je tombai évanouie dans un grillage placé derrière moi. A ce moment, mon mari, déjà à terre, est frappé *dans le dos de vingt-deux coups de fusil et de baïonnette.*

» On peut encore voir ses vêtements, ils sont tellement déchirés qu'ils ne présentent *plus que des lambeaux roidis par le sang.*

» M. Thierry est tué. Loisillon, fils de la portière, succombe sous les coups. Plusieurs personnes tombent blessées. Loisillon pousse un cri d'agonie. « *Ah! gredin, tu n'es pas encore fini,* » disent les soldats. Ils se baissent et l'achèvent.

» C'est alors qu'ils apercoivent M. Bouton, accroupi

sous une table. Comme ils n'avaient plus de fusils chargés, ils le lardent à coups de baïonnettes. Le train était tel, *que je crois encore l'entendre.*

» Ensuite il est entré d'autres soldats qui ont tiré sur lui. »

La veuve Pajot reprend en ces termes :

» Ils ne sortiront jamais de ma mémoire, ces mots adressés à mon pauvre garçon, au moment où il se débattait contre la mort : *Ah! gredin, tu remues encore, nous allons t'achever....* Et, les misérables, ils le firent si bien, que la cravate noire qu'il avait au cou, et que depuis je porte toujours sur mon cœur, *est percée comme un crible.*

» Dans mon désespoir, je suppliais les soldats et l'officier qui était à leur tête de me tuer, leur disant que, puisqu'ils m'avaient ôté tout appui, ils étaient des lâches s'ils ne le faisaient pas. Je saisis même l'officier au collet. « *Retirez-vous*, dit-il.... »

» Je me jetai sur les bayonnettes qui étaient devant moi, je les saisis pour m'en percer : c'était vainement, les soldats les détournèrent, et s'en servirent bientôt contre M. Bouton, qu'en se baissant ils entrevirent sous une table. « *Ah! vieux scélérat*, crièrent-ils, *tu n'as rien,* » *attends, attends !...* »

» Cette boucherie fut terminée par des soldats d'un second rang, qui se trouvaient derrière et qui déchargèrent leurs fusils sur son cadavre. »

Francis *Bruneau*, âgé de treize ans (1), témoigne des mêmes atrocités.

« Dès le 13 au soir, dit-il, nous nous étions retirés, en assez grand nombre, dans le cabinet de M. Bouton, de peur que les insurgés, qui voulaient monter dans

(1) Neveu de la portière.

la maison, ne vinssent à y pénétrer. Nous y avions passé la nuit, lorsque le 14 au matin une foule de soldats se présentèrent à la porte de la chambre, d'où ils tirèrent *à tort et à travers. Je reçus à la cuisse un premier coup de baïonnette d'un militaire qui déchargea son fusil en même temps.* Je tombai à terre : IL ME RETOURNA ALORS POUR ME PLONGER SA BAIONNETTE DANS LES REINS.

» Je me rappelle fort bien que l'un des soldats, en s'approchant de Loisillon, qui était à terre baigné dans son sang, lui disait, en le frappant de coups de baïonnette : « *Gredin, tu remues encore !* »

Grand Dieu! on avait cru jusqu'ici que les circonstances barbares de la mort de Bouton, de la mort des malheureux qui s'étaient réfugiés près de lui, avaient été grossies par la rumeur populaire : qu'on dise maintenant si, par une triste exception, cette rumeur n'est pas demeurée ici au-dessous de l'effroyable vérité.

Poursuivons. C'est Closmenil que nous allons entendre de nouveau; sa chambre est contiguë à celle de Bouton. Il s'exprime ainsi :

« Pendant que les soldats massacraient dans les pièces voisines, un seul se présente au fond du corridor, dans celle où je me trouvais assis avec ma femme et ma fille. Au moment où il retournait sur ses pas, criant à ses camarades : EN VOILA ENCORE UN, EN VOILA ENCORE UN ! je montai par la fenêtre sur le toit et je disparus.

» Quand tout fut fini et que je pus revenir, ma femme et ma fille m'apprirent qu'on les avait long-temps tenues en joue pour savoir par où j'étais passé, qu'on les avait menacées de mort si l'on me trouvait, qu'elles nièrent avec une grande énergie que j'eusse été près d'elles.

« Un officier, ont-elles ajouté, *haut en couleur,*

» *portant un manteau*, paraissait encore plus acharné » que ses soldats : Piquez, piquez donc, leur commandait-il. Et même, dans l'impuissance où il était de te » découvrir, il a donné, comme par rage, *vingt coups* » *de sabre dans la paillasse de notre enfant : les trous* » *y sont restés.* »

Ainsi, sur ce carré, où les soldats s'étaient répandus partout, fouillant, sondant, criant : *Des hommes ! il nous faut des hommes !* sur ce carré, comme l'avait dit l'un d'eux, en repassant devant la chambre de Louis Breffort, *il n'y avait plus d'hommes à tuer.* Ils pouvaient donc se décider à descendre.

C'est ce qu'ils faisaient, quand, au 4e étage, ils aperçurent une porte que, dans leur rapide irruption, ils avaient laissée debout. Elle est enfoncée. Où donne-elle? A la première galerie du théâtre de Doyen (1).

Ce grand vide qu'ils n'attendaient pas, cette obscurité d'une salle de spectacle, les effraient : ils hésitent, et se mettent en joue.

Des voix partent de la scène, qui se trouve en face d'eux : « *Ah ! ne tirez pas, ne tirez pas ; nous ne sommes que* « *des femmes.* »

En effet, M. Lamy, qui, à 5 heures du matin, suivait MM. Guittard et Daubigny pour descendre avec eux ouvrir la porte de l'allée, n'avait eu que le temps de gagner de vitesse, au moment où la décharge fut faite sur ses deux amis.

Lui, sa femme, sa sœur, madame Daubigny, qui était remontée pêle-mêle avec la troupe, et deux autres parentes, s'étaient, dans leur effroi, cachés sous la scène du théâtre.

Cependant, dès qu'elles entendirent briser la porte,

(1) Ce théâtre appartient aujourd'hui à M. Lamy.

craignant d'être découvertes dans ce refuge, et d'y trouver une mort misérable, elles se résolurent à l'affronter. Elles montèrent sur la scène, et c'est de là qu'elles s'adressaient à la pitié des soldats.

A cette distance, des pourpalers s'engagent. Une partie des militaires descend au troisième, où se trouvent le parterre du théâtre et l'appartement de M. Lamy. La porte leur est onverte : « *Où sont les hommes? où sont les hommes?* »

Prières, agenouillements, supplications, rien ne les émeut.

Lamy alors sort furtivement la tête d'une petite ouverture qui conduit à la loge du souffleur. Un soldat se précipite de la coulisse pour lui porter un coup de baïonnette. Lamy en saisit la pointe, une lutte s'engage, il en reçoit un coup au-dessous de l'œil.

Pendant ce temps, de la coulisse opposée, des soldats s'apprêtent à faire feu sur lui, quand un officier arrive en face d'eux par une petite porte de dégagement.

Lamy de s'élancer sur lui, de s'attacher, de s'enlacer à son corps, de façon à ce que l'officier trouve la mort avec lui, ou lui serve d'égide.

« Ne tirez pas, ne tirez pas, » crie l'officier.

Lamy est rudoyé, examiné; l'officier lui flaire les mains. Enfin, après les plus minutieuses recherches, la troupe se retire. Toutefois un soldat du centre se ravise, et remonte quelques marches. S'adressant à Lamy : « Je ne vois pas mon caporal; rends-moi mon caporal, ou *e vais faire de toi comme des autres.* — Mais, camarade, je ne l'ai pas: entrez, cherchez avec moi. — Non, je n entrerai pas seul; je vais appeler du renfort. »

Lamy, trop heureux, même innocent, d'être échappé une première fois, s'élance dans l'escalier du 5e pour fuir par le toit.

Le soldat, qui l'entend, fait feu sur lui à travers la rampe; la balle le frise, sans l'atteindre.

Il faut en convenir, ce coup de fusil, tiré lâchement sur un homme inoffensif, qui, au milieu de tant de victimes, venait de trouver grâce, clôt bien dignement ce déplorable récit.

J'avais, en commençant, promis de le faire sans passion, de n'être que le narrateur passif des faits dont la constatation m'était rapportée. Je crois consciencieusement avoir tenu parole.

Qu'aurais-je pu dire, au surplus, qui n'eût été plus faible que les témoignages que je transcrivais. N'ont-ils point ce caractère de précision, d'uniformité, qui respire la vérité? ne portent-ils point de ces teintes locales, de ces images saisissantes, de ces cris de douleur, dont la nature a seul le secret?

Et cependant c'est un homme isolé qui les a recueillis. Que serait-ce donc, si, pour le faire, la justice avait employé ses innombrables ressources? Que serait-ce si ces témoins, au lieu d'avoir à se ressouvenir sur le théâtre même où tout leur retrace les foudres du pouvoir, où tout entretient leur stupeur, où tout les fait encore tressaillir au moindre bruit, avaient à reproduire leurs impressions au grand jour d'une audience, sous les regards protecteurs du pays, devant un déploiement de force qui soutient contre la peur même de la force? Oh! alors la vérité, nous arrivant sans crainte, dans toute sa nudité, ferait, j'en puis parler, dresser les cheveux sur la tête!

Les preuves que Breffort devait présenter au pays, les voilà présentées.

Ecoutons maintenant avec une religieuse attention les raisons que va donner le pouvoir. Elles seront sans doute bien graves, bien détaillées, bien puissantes, puisqu'il s'agit d'expliquer tant de sang.

Loin de là, tout se borne à quelques mots jetés de la tribune, exaltant l'intrépidité des soldats, flétrissant indistinctement du nom d'assassin tout ce qui a cessé de vivre.

Qui donc, dans cette solennelle conjoncture, va prendre la peine d'éclairer le pays?

M. de Failly, *simple lieutenant* au 35e. Pourquoi lui plutôt qu'un haut fonctionnaire compétent? Apparemment qu'il était sur les lieux, et qu'aucune des circonstances n'aura échappé à sa mémoire. Du tout : il avoue lui-même que, ce jour-là, son service l'appelait autre part. Alors, je le répete, pourquoi donc M. de Failly? C'est, dit-il, qu'il est mû par l'honneur de la compagnie à laquelle il appartient. Etait-il le seul qui pût y prendre intérêt? Cette compagnie n'a-t-elle pas des représentants plus directs: un capitaine, par exemple, le lieutenant même qui le remplaçait? Pourquoi ces empiétements, ces changements de rôles? Ne serait-on pas autorisé à croire qu'une astucieuse diplomatie aurait, à l'insu même de M. de Failly, exploité son point d'honneur, afin de fournir une première explication indispensable, afin de conjurer les graves accusations qui s'élevaient, sauf, si plus tard la version du pouvoir ne pouvait plus s'accorder avec d'irréfragables témoignages, à répudier un narrateur qu'on pourrait impunément laisser regarder comme inexact, puisqu'il était absent.

Cette réflexion n'est pas sans importance.

Voyons maintenant, pour ce qu'elle est en elle-même, la lettre de M. de Failly, fortifiée plus tard par celle du lieutenant Simon.

C'est ainsi qu'elle commence :

« *Nous déplorons les excès qui peuvent se commettre pendant l'exaltation du combat. Le sang excite à verser le sang, sa vue enivre.*

» *Le capitaine Dupont de Gault tombe blessé au moment où, le premier, il franchit la dernière barricade* (1). »

D'abord j'écarte de la discussion ce qui est relatif au capitaine Dupont de Gault. Tout le quartier est là pour attester, et lui certifierait au besoin, je pense, que ce n'est point aux environs du n° 12, rue Transnonain, qu'il a été blessé, mais à une assez grande distance, rue des Gravilliers.

Ce rapprochement, fait à dessein, doit donc disparaître : car, je le répète, je n'ai à défendre ici ni les insurgés ni les victimes qu'en d'autres lieux a pu faire une violente soldatesque. Qu'on se le rappelle bien, mon devoir consiste uniquement à parler des malheureux locataires de la rue Transnonain, n° 12.

On comprend, dit-on, *les excès qui peuvent se commettre pendant l'exaltation du combat. Le sang excite à verser le sang, sa vue enivre.*

Mais où sera votre excuse, si des témoins nombreux, unanimes, viennent déposer du contraire, et établir que les coups de feu, non de la maison (car il n'en a pas été tiré), mais de la barricade, avaient cessé; qu'elle était prise et gardée par les soldats; que quelques instants de calme s'étaient écoulés; que les locataires, qui avaient craint pendant long-temps une irruption des insurgés, se croyaient enfin sauvés, quand un autre détachement, qui avait tourné par les derrières de la rue Transnonain, au moment où il opérait, près de la barricade, sa jonction avec le détachement déjà victorieux, se serait jeté dans la maison n° 12, fulminant partout la mort, comme pour

(1) Je n'ai pas besoin de dire que je transcris fidèlement la lettre de M. de Failly. Au surplus, tous les journaux l'ont reproduite, et on peut l'y voir. Seulement, l'ordre de la discussion me force à la fractionner. Pour la distinguer de la réfutation, elle est en caractère différent.

effrayer en finissant par un grand exemple de répression. Ces témoins, je le rappelle, ne manquent point à la cause.

Ce sont le sieur *Hordesseaux et sa fille*, disant :

« Le 14, à cinq heures du matin, nous entendîmes la trompette des voltigeurs du 35e; les chefs criaient : « Chargez, ajustez bien vos coups; tirez juste ! » Nous avons tout vu à travers nos rideaux de mousseline. La barricade était très élevée; les soldats s'en sont rendus maîtres. NOUS CROYIONS QUE TOUT ÉTAIT TERMINÉ, LE CALME ÉTAIT RÉTABLI, lorsque nous entendîmes les chefs crier aux soldats : « *A la porte de fer, chez Doyen.*» *Nous pouvons affirmer que ces cris et ces ordres n'avaient été précédés d'aucun coup de feu ni d'une lutte qui aurait succédé à ce silence dans la rue ou dans la maison.* »

La dame veuve Lepère, autre locataire :

« A cinq heures et demie, nous étions sur le carré, mon mari et moi. Nous vîmes la dame Louis qui montait : elle nous dit que la troupe de ligne était maîtresse de la barricade. « *Ah ! bien, tant mieux !* dit mon mari, » *nous sommes sauvés.* » Ensuite la dame Louis nous invita à monter chez elle. Nous n'y sommes pas montés. Nous entrâmes chez M. Robiquet; il n'était pas levé. Au bout d'un instant j'entendis du bruit dans la maison. »

Que le lecteur y pense. Toutes ces explications, ces demandes, ces réponses, ces entrées, ces sorties, dévorent des minutes, laissent écouler du temps, depuis le moment où la barricade est prise jusqu'à celui où l'invasion militaire a lieu.

Annette Vaché.—« A 5 heures du matin, nous entendîmes crier : *A bas le 35e !* On engagea un feu soutenu.

» *Un instant s'écoula sans rien entendre.*

» Ce fut alors qu'on fit une décharge et que l'on fondit sur notre maison. »

La dame Daubigny : — « A 5 heures, la troupe est arrivée par la rue de Montmorenci; elle a fait un feu nourri, et s'est emparée de la barricade.

» *Peu après, un autre peloton de voltigeurs* est arrivé par la rue Transnonain, sapeurs en avant; ils cherchaient, mais vainement, à briser la porte de notre maison, etc., etc., etc. »

Comme je viens de le dire, il est dès lors constant que ce qu'on appelle *le combat* était terminé; que les troupes qui, par la rue de Montmorenci, se sont emparées de la barricade, ne sont pas celles qui ont tourné la rue Transnonain et sont venues se joindre aux autres à l'angle de cette rue et de la rue de Montmorenci, à l'endroit même où est situé le n° 12. Il est constant qu'un long intervalle s'était écoulé entre la prise de la barricade et l'irruption dans la maison; intervalle pendant lequel, sur le champ de bataille même, le soldat français essuie le sang de ses armes, et tend la main au vaincu. L'exaltation, si elle existait, prenait donc sa cause autre part que dans *l'ardeur* du combat.

De l'exaltation! Comment la ferait-on accorder avec ces assertions de la dame Daubigny, de la dame Lepère, de l'apprenti du sieur Lamy, d'Annette Vaché, qu'une épingle de prix, qu'une pièce de monnaie, que des épingles imitant l'or, que deux montres, qu'un couvert en argent, qu'une paire de bas, auraient disparu? Pour dérober il faut du calcul, du sang froid; à celui là qui aurait à défendre sa vie, l'idée de soustraire ne viendrait pas. Oh je dois l'avouer, ces vols commis au milieu du sang seraient tellement lâches que, bien que dans cette maison il n'y ait eu ou que des soldats, ou que des gens qui, victimes par eux ou par les leurs, ne pouvaient penser à s'entrevoler, j'ai, pour l'honneur du nom français, préféré penser, quoi qu'on en dise, qu'effets, argent, montres, couverts, avaient sans doute, dans la confusion, été foulés aux pieds.

De l'exaltation! Peut-être serait-il possible de la comprendre pendant quelques instants; mais ne pas la calmer à la scène déchirante du deuxième étage, de cette femme en prière au milieu de trois cadavres; la promener, cette exaltation, au second, puis au troisième, puis au quatrième, puis au cinquième; et, à tous ces étages, après s'être assouvi d'agonies de toutes sortes, de contractions, de cris de toute nature; la redescendre encore au troisième, et au quatrième, en demandant *des hommes à tuer, et toujours des hommes;* non, ce n'est pas là de l'exaltation : car sa durée serait surhumaine; car, s'il est vrai que le sang enivre, plus qu'autre chose aussi, le sang versé rassasie. Il y avait donc derrière tout cela une main de fer; c'était un mot d'ordre reçu, un commandement militaire avec lequel on ne pouvait transiger, et qui, faisant taire toute émotion, ne devait s'arrrêter, comme le disait ce soldat en sortant de chez Louis Breffort, que lorsqu'*il n'y aurait plus personne à tuer.*

Qui donc s'y méprendra? La discipline bien ou mal entendue, mais la discipline seule, a ce caractère de puissance qui étouffe la nature.

Pour être affreuse, cette révélation n'en est pas moins exacte; ce sont les soldats eux-mêmes qui l'ont faite, on ne l'a pas oublié. « *Mes pauvres petites femmes,* » disaient-ils aux dames Lepère et Robiquet, *vous êtes* » *bien malheureuses de perdre ainsi vos maris ; mais* » *nous sommes* COMMANDÉS ; NOUS SOMMES FORCÉS » D'OBÉIR AUX ORDRES; NOUS SOMMES AUSSI MALHEU- » REUX QUE VOUS. »

Commandés! Par qui donc, mon Dieu? Par un simple officier. S'il a ainsi méconnu toutes les lois de l'humanité, que n'est-il déjà livré aux tribunaux? Toute l'armée, dit-on, qui, dans ces troubles, ne sait où commencent et finissent ses droits et ses devoirs, se verrait frappée en lui, et le pouvoir ne pourrait plus compter sur elle. Alors, malheur au pouvoir qui serait obligé de sacrifier ainsi à l'armée, et qui ne pourrait se soutenir que par d'aussi révoltantes impunités; malheur au pouvoir qui, au milieu d'un désarmement général, est obligé de s'étayer sur 400,000 soldats dont l'impatience de gloire, ne pouvant se répandre à l'étranger en actes d'héroïsme, ferait, à la moindre occasion, explosion de meurtres à l'intérieur!

Que si, au contraire, cet officier a reçu des ordres supérieurs, que n'en nomme-t-on l'auteur, à quelque rang qu'il appartienne? Autrement, il faudrait, malgré soi, croire à ces conjectures des partis, que, par une grande catastrophe dont l'odieux serait rejeté sur les opposants, l'autorité a voulu ramener à elle les plus tièdes, les plus indifférents; qu'elle s'est plu à rendre l'armée redoutable pour l'isoler de toute contagion patriotique, pour bien démontrer qu'elle était désormais son instrument exclusif, et que, hors des vues de l'autorité, plus de liberté pour l'avenir. Que d'autres approfondissent ces mystères d'iniquité: moi je n'oublie pas que j'accomplis une œuvre de justice, que je cherche la vérité là seulement où elle est produite par des actes matériels, et ce qu'on a réellement fait plutôt que ce qu'on a voulu faire.

« *Ma compagnie*, ajoute M. de Failly, *arrive dans*
» *la rue Transnonain: des coups de fusil sont tirés*
» *des second et troïsième étages*, n° 12. *Ce ne sont pas*
» *des* on dit *que je rapporte*, *mais des faits.*

» *Le brave capitaine Rey*, *à la tête de ses grena-*
» *diers*, *qui nous précédait*, *est frappé mortellement.* »

Ici encore, bien que cela détruise l'effet que l'on a

voulu produire, il faut restituer à la mort du capitaine Rey son véritable moment, sa véritable place.

Ce n'est pas, comme on voudrait le laisser supposer, dans la rue Transnonain qu'il a été frappé, c'est à l'angle de la rue de Montmorenci, au moment où, à la tête des soldats, il s'emparait de la barricade, et c'est UNE AUTRE section de soldats qui est entrée dans la maison n° 12. Il y a plus, en supposant même qu'un coup de feu fût parti de cette maison, ce n'est pas de ce coup qu'il aurait été atteint : car le capitaine Rey faisait face au coin de cette maison, et il a été frappé d'*arrière* en avant, c'est-à-dire par un coup *dirigé de la rue de Montmorenci;* il aurait dû être percé de *haut* en bas, et il l'a été de *bas* en haut; *par le soupirail d'une cave;* et au n° 12, il n'y a pas de soupirail sur la rue.

Sa mort, comme excitation instantanée à la vengeance, doit donc être écartée de la cause.

Cependant des coups de fusil ont été tirés des second et troisième étages du n° 12; CE NE SONT PAS DES *on dit*, MAIS DES FAITS.

Ce sont, au contraire, des *on dit*, puisque, de son aveu, le narrateur n'était pas sur les lieux.

Je détaillerai tout à l'heure ce qui s'est passé au *second* étage; parlons du *troisième* d'abord.

Puisqu'on a remarqué d'une manière si précise que des coups de feu sont partis du troisième, ah! prions pour ceux qui l'habitent; c'en est fait, la première rage des soldats va fondre sur eux.

Nullement : ce sont les seuls que l'on épargne dans la maison.

Du rez-de-chaussée et de l'entresol, les soldats se précipitent au second, du second *au quatrième*, du quatrième au cinquième; quant au *troisième*, *il est passé*, *on n'y entre pas.*

Ce n'est que lorsque tout est fini dans la maison qu'on songe à y descendre. C'est chez M. Lamy, au théâtre de Doyen, qu'on est. On se rappelle probablement ce qu'on vient d'en lire; que là, au moins, soldats et officier prennent la peine de chercher; qu'après les investigations les plus minutieuses, l'officier regarde le visage, les mains de Lamy, et que comme chez lui il n'y a guère que des femmes, et qu'on n'y trouve ni armes ni munitions, on le laisse au sein de sa famille.

Eh bien! après cet oubli, après cette faveur exceptionnelle accordée au troisième étage seulement, osera-t-on encore soutenir que c'est de là qu'on a tiré? L'osera-t-on en présence de tout un quartier qui attesterait qu'autant par intérêt que par humeur joyeuse, le successeur de Doyen n'est jamais hostile au pouvoir existant, et que sa sympathie pour le système actuel est devenue proverbiale parmi ses intimes.

M. de Failly continue : « *L'ordre est donné de pénétrer dans les maisons d'où est parti le feu. Deux* » *portes de magasin sont enfoncées avant la porte du* » *n°* 12.

» *Un de ses habitants, loin de s'empresser à l'ouvrir, comme on a bien voulu le prétendre, tire un* » *coup de fusil au moment où elle cède sous les efforts* » *des sapeurs-pompiers. La troupe fait feu, tue le pro-* » *vocateur. Près de lui est étendue, armée d'un mar-* » *teau, une seconde victime; sa poitrine était plas-* » *tronnée.* »

Cette version a le défaut de manquer par la base même. On suppose, en effet, que la porte, au lieu d'avoir été ouverte par les gens de l'intérieur, aurait cédé aux efforts des sapeurs-pompiers, et qu'à ce moment un coup de feu aurait été tiré du dedans. Erreur, erreur complète, prouvée par l'état matériel de la porte. On y remarque bien encore la trace des coups qu'elle a reçus avant qu'on ait eu le temps de descendre. Mais son inspection et celle de ses jambages démontrent qu'elle n'a point été enfoncée, que la serrure n'en a pas sauté, et qu'on n'a pu l'ouvrir qu'en tirant le cordon de l'intérieur. Ce fait est de plus attesté par M. Lamy; il l'est par madame Daubigny, femme au-dessus de sa position par l'énergie de sa pensée, par la précision de sa mémoire, de son langage, et dont la vue seule inspire confiance et respect. « C'est moi, c'est moi, dit-elle, qui, de mes propres mains, ai, de la loge, tiré le cordon. »

Et on la croira: car, à part le poids de son témoignage, la version contraire est denuée de toute vraisemblance. Pour tirer ce coup de fusil, qui donc aurait été en bas? Deux hommes et une femme : M. Guitard, M. et madame Daubigny. M. Guitard, qui, huit jours après, devait unir sa destinée à celle de la demoiselle Lamy, l'insensé, il aurait ainsi joué une vie sur laquelle il venait avec bonheur d'accorder des droits! M. Daubigny, paralysé depuis 7 ans. Ce sont là les deux hommes qui auraient eu la folle pensée de résister à une compagnie de soldats tout entière! Avec quelles armes encore? L'un d'eux aurait été muni d'un marteau. Marteau trouvé près de lui, plastron dont il aurait été couvert. Ce sont là d'infâmes mensonges, d'atroces calomnies, qui, criés comme en forme d'insulte dans le quartier, l'ont, on le sait, soulevé d'indignation (1). Ces cadavres ne sont-ils pas restés long-temps à la même place? et pas un locataire ne les aurait vus dans l'état que l'on décrit? Qu'on soutienne donc, en confrontation avec eux, à la face de la justice, qu'il en était ainsi.

(1) Voir, touchant ce fait, la lettre publiée dans plusieurs journaux par MM. Raould, Postel, Adam, Godefroy, Nicaise, Charbonnet, Lamothe, etc., etc.

D'autres raisons prouvent encore la fausseté de ce récit. Au moment, dit-on, où on enfonçait la porte, un coup de fusil, tiré sur les troupes, a provoqué une riposte, et deux victimes sont tombées. Et où donc? Apparemment dans le long et droit corridor auquel la porte d'entrée donne accès. Il n'en est point ainsi : elles ont été frappées sous un vestibule, *en retour, au pied de l'escalier.* C'est que peut-être elles fuyaient. Eh bien, si elles fuyaient, elles ont dû être atteintes par derrière, cependant c'est la face tournée vers les soldats qu'elles sont tombées. On le voit bien : c'est que le témoignage de la dame Daubigny contient vérité; c'est que, comme elle l'a affirmé, après qu'elle a tiré le cordon, les soldats franchissent le corridor, tournent à droite, et font feu sur son mari et sur M. Guitard au moment où ceux-ci, la suivant de près, touchaient le dernier degré de l'escalier.

Revenons maintenant à l'agression dont on soutient que les habitants du *second* étage se seraient rendus coupables.

Elle est de deux sortes : d'abord ils auraient tiré par la fenêtre; ensuite ils auraient fait feu à l'intérieur au moment où les soldats se seraient introduits chez eux.

Pour les réputer capables de cette action, voyons un peu leur nombre, leur sexe, leurs antécédents. Ils étaient quatre, un vieillard, M. Breffort; un jeune homme, M. Delarivière; deux femmes, madame Bonneville, âgée de soixante ans, et mademoiselle Besson, âgée de quarante-cinq ans. Leurs antécédents, tout le monde les connaît: M. Breffort était l'homme de l'opinion la plus modérée, la plus amie de l'ordre. En 1832, *lors des troubles du mois de juin, il fit défaire par ses propres ouvriers la barricade qu'on construisait à quelques pas de chez lui.* Madame Bonneville, sa nièce, n'avaient d'autres idées politiques que celles de M. Breffort.

Quant au jeune Delarivière, pourquoi était-il là? On

l'a déjà vu, la veille, sur les 5 heures, il avait donné rendez-vous à Louis Breffort et à Annette Vaché pour aller dîner au Palais-Royal; ne les ayant pas rencontrés, il était revenu dans la soirée pour chercher des papiers qu'il avait laissés chez Louis Breffort, et surtout une inscription de l'Ecole de droit, pour le lendemain. Sur ces entrefaites, la barricade s'élevait. M. Breffort, madame Bonneville, craignant que Paris ne fût pas sûr, le retinrent à coucher.

Voilà, voilà les gens qui auraient tiré. Pour les trois premiers, leurs goûts, leur âge, leur sexe; pour Delarivière, son retour fortuit, que dix témoins peuvent établir, tout cela ne parle-t-il point assez haut contre cette accusation, tout cela ne la réduit-il pas à la valeur de celle intentée contre Lamy pour le TROISIÈME étage, d'où l'on disait aussi avoir vu tirer, et où les soldats n'eurent même pas la pensée d'entrer; contre Lamy, que, malgré les recherches les plus hostiles, il a fallu se résigner à trouver innocent.

Quant à la deuxième imputation, pour ne rien atténuer de sa force, il faut copier la lettre du caporal Planche, qui la contient dans tous ses détails. La voici :

« Lorsque la porte du n° 12 eut cédé aux efforts des sapeurs-pompiers, je montai jusqu'au deuxième, où je frappai à coups de crosse la porte à droite, après avoir vainement essayé de l'ouvrir. Au moment où je parvins à la forcer, je reçus un coup de feu parti de l'intérieur de cet appartement, qui me blessa au coude et à la jambe gauche. Aveuglé par la fumée du coup, tiré à bout portant, et saisi par la douleur, je m'appuyai contre le mur. Quelques instants après j'aperçus, en ouvrant les yeux, l'auteur de ma blessure étendu mort. Il pouvait avoir de vingt à vingt-cinq ans; j'entendis aussi les cris d'une femme. *Là le combat cessa pour moi, je descendis me faire panser.* »

La version de M. de Failly est un peu différente : « Les soldats déchargèrent confusément leurs armes; malheureusement une femme est atteinte !...... »

Ainsi, selon le caporal Planche, étourdi, aveuglé sur le coup, il n'aurait pu que défaillir en arrière, s'appuyer contre le mur, sans avoir la force d'entrer dans l'appartement; ce serait de cette place qu'il aurait entendu les cris d'une femme dans l'intérieur; ce serait de cette place qu'en rouvrant les yeux, il aurait aperçu sur le seuil de la porte l'auteur de sa blessure étendu mort.

Cette narration est démentie par les blessures que portaient les cadavres et par la position même dans laquelle ils sont tombés, position rendue ineffaçable par la quantité de sang dont s'est empreint le plancher, par la trace des balles qui les ont frappés. Le point de départ, le sillon et le but de ces balles, qui ont labouré un cartonnier et le mur, démontrent qu'elles sont parties, non du seuil de la porte, mais dans une pièce du fond.

Or il est constant, par ces preuves matérielles, indestructibles, que le jeune homme dont veut parler le caporal Planche, au lieu d'avoir été frappé sur le seuil de la porte, l'a été entre une deuxième et une troisième pièce *en retour à gauche;* qu'Annette Besson, qui le précédait, a été assassinée *avant lui* dans la *deuxième pièce* à gauche. Il est encore incontestable que, soit de la place où était resté le caporal Planche, soit de tout autre partie du carré, il est physiquement impossible de voir entre la deuxième et la troisième pièce.

Donc le caporal *Planche* s'est trompé quand il a dit : « J'ai vu le jeune homme, » car il n'a pas pu le voir. Donc il s'est trompé quand il a dit : « Quand j'enfonçai la porte, le premier qui se présenta à moi fut le jeune homme qui tira le coup de feu, » car, en supposant même que de Larivière et Annette Besson eussent été dans la première pièce, *ce qui n'est pas*, de Larivière n'aurait point été *le premier*, Annette Besson aurait encore été *avant lui*.

Mais, à part cette réfutation, puisée dans la nature même des faits, il est des témoignages accablants : celui de madame Bonneville, qui, depuis trois mois, demande vainement, par la voie des journaux, à être entendue en justice; celui de M. Breffort mourant, celui de plusieurs de ses amis.

Voyons : la variante de M. de Failly sera-t-elle plus exacte? « *Le caporal Planche, dit- il, est blessé; les soldats déchargent* CONFUSÉMENT *leurs armes;* MALHEUREUSEMENT *une femme est atteinte*.

Quoi ! un jeune homme tire du seuil de la porte, un feu de peloton lui riposte : donc le mur qui se trouve en face va être criblé de balles.

MIRACLE ! PAS UNE N'Y A MARQUÉ.

On tire CONFUSÉMENT; *malheusement une femme est atteinte*.

Si on tire *confusément*, et qu'elle soit tuée *par malheur*, cette femme, elle devra l'être en face de l'endroit d'où l'on tire. Nullement. C'est dans une autre pièce *de côté en retour* qu'elle *est tuée*.

Si, au milieu d'une décharge *confuse*, des balles l'ont, par malheur, atteinte, au moins n'aura-t-elle que des balles. Comment alors expliquer ce procès-verbal d'autopsie dressé sur son cadavre, qui constate qu'on lui a d'abord plongé *au dessous de la mâchoire une baïonnette qui sortait par la tête*, et que c'est dans *cet état qu'à bout portant*, on lui a, d'un coup de feu, fait sauter la cervelle. Comment faire accorder cet acte d'atrocité, *spécial*, *isolé*, avec votre système de *généralité*, de *confusion*.

Croyez-vous donc qu'on ne voit pas que cette mort de femme a, à elle seule, plus embarrassé l'autorité que la mort de onze hommes, qu'avec de l'adresse on pourrait toujours parvenir à expliquer? Croyez-vous qu'à travers cette figure de rhétorique, soufflée à un soldat, qui consiste à fermer les yeux pour parler de faits qu'on n'a pas vus, croyez-vous qu'à travers cette autre figure de rhétorique, par laquelle on met en jeu le hasard, la fatalité, ne percent pas la préparation, la connivence, le mensonge ?

Que sera-ce donc si à ces versions ainsi détruites j'oppose encore les derniers mots de Brefford. Sur son lit de douleur, au milieu des siens, leur confessant sa vie, leur demandant pardon du mal qu'il aurait pu involontairement leur faire, il répétait d'une voix étouffée : « Et cependant, en ouvrant à l'officier, je lui disais : « Nous sommes des « gens tranquilles, » et on me frappa....... Et comme je criais : « Gredin, répondit l'officier, je vais te faire ache- « ver...... » Ah. mourir ainsi......, c'est affreux..... »

Qu'on choisisse entre la déclaration d'un soldat intéressé et ces dernières paroles d'un homme qui n'a plus rien à craindre ni à espérer de la vie.

Dira-t-on cependant qu'un fait existe, la blessure du caporal Planche. D'abord pourquoi ce caporal n'a-t-il été confronté à aucun des locataires de la maison? Qui dit que la forme bien connue de sa blessure n'établirait pas qu'elle lui a été faite par derrière, par ses compagnons, lors des 30 coups de feu tirés sous le vestibule, dans un étroit espace, contre MM. Guitard et Daubigny. La place qu'il lui assigne lui-même, *le coude*, semblerait l'indiquer. Qui peut répondre enfin qu'elle n'est point un moyen trouvé à l'appui de sa lettre, comme l'était celui de la CONFUSION à l'égard de l'assassinat de la malheureuse Annette Besson.

M. de Failly écrit encore : *Des armes sont trouvées dans divers appartements. Dira-t-on qu'il n'y avait dans cette maison que des locataires paisibles et inoffensifs. Qui donc a tiré? Pourquoi ces étrangers? Pourquoi des poignards sous une table; des fusils, des pistolets encore noircis de poudre et cachés à la hâte?*

Des armes sont trouvées dans divers appartements? Dans lesquels? Qu'on en cite au moins un. Un fusil, un seul fusil a été emporté par les soldats; et encore ne l'ont-ils ni cherché ni trouvé, on le leur a offert. M. Hordesseaux (on l'a vu), pour échapper à la mort, leur criait : « Je suis un citoyen paisible, je suis garde national; tenez, voilà mon fusil; » et on s'en est emparé.

Pourquoi des étrangers? Des étrangers, il n'y en avait qu'un seul, Henri de Larivière. On sait aujourd'hui quel motif de plaisir et d'utilité l'y avait attiré, quelle fatalité l'y a retenu. J'oubliais, une autre personne s'y trouvait, madame Godefroy, épicière de l'autre côté de la rue. Qu'on l'interroge, elle vous dira que, le 13, aux premiers coups de feu, elle quitta, sur les instances de son mari, sa boutique, pour aller se réfugier dans la maison du n° 12, tant, dans le quartier, cette maison était considérée comme peuplée d'habitants pacifiques; tant, dans les différents froissements qui avaient eu lieu à Paris, ses locataires s'étaientconstamment abstenus.

S'il y avait eu des étrangers à intentions hostiles, pourquoi donc n'auraient-ils point cherché à grossir leur nombre; pourquoi, depuis le 13, huit heures du soir, jusqu'au lendemain cinq heures du matin, les insurgés auraient-ils *vainement* crié : « Lâches de Doyen, ouvrez donc votre porte, qu'elle nous serve de refuge! C'est la dernière fois, nous allons l'enfoncer. » Ce fait est attesté par tous les locataires sans exception, il l'est encore par les habitants *des maisons environnantes.*

Pourquoi un poignard sur une table, des fusils, des pistolets encore noircis de poudre et cachés à la hâte?

Ces formules interrogatives, tranchantes, ont pu fa re impression un instant. Que deviennnent-elles maintenant qu'il est constant qu'un seul fusil, et bien inoffensif, s'est rencontré dans la maison. Quoi! des armes auraient été trouvées, et l'autorité, qui devait cette preuve au pays pour expliquer ce qu'elle appelle de dures nécessités, n'aurait pas pris la peine d'en faire constater l'existence. Pourtant, deux heures après l'événement, des commissaires de police étaient sur les lieux. Quoi! M. Hù, étranger à la maison, y serait entré avec cette prévention d'agression déjà semée dans le public; il aurait attentivement, en présence d'un tiers, examiné, flairé la bouche, les mains des cadavres de son frère, de Bouton, de Thierry, de Loisillon, de Louis Breffort, et il n'aurait remarqué aucune trace de poudre. Comment s'expliquer des fusils noircis de poudre, humides de vapeur, sans bouches qui aient déchiré les cartouches, sans mains qui aient pressé les détentes.

Au troisième, l'officier fait enfoncer une porte : le premier objet qui frappe sa vue est le cadavre d'un homme tué au moment où lui-même, PEUT-ÊTRE, *vient de faire une victime.*

PEUT-ÊTRE!.! Comprenez-vous toute l'atrocité de ce doute? Savez-vous quelle est sa contre-partie? La voici : PEUT-ÊTRE aussi n'avait-il pas fait de victime, et sa mort n'est plus alors qu'un monstrueux assassinat. Savez-vous de plus que cette phrase elle seule fournit à ma cause deux preuves accablantes : la première, qu'il a dû se passer en ces lieux des choses bien étranges, puisque pour excuser un assassinat, il aurait suffi d'un PEUT-ÊTRE; la seconde, que le récit répandu par l'autorité est en tout point controuvé, puisque, sur un incident aussi capital, aussi décisif, aussi facile à vérifier, ce récit est de la plus insigne fausseté; puisque enfin le troisième étage est le seul où par miracle il n'y a eu NI BLESSURES NI CADAVRES. Mais si, comme fait, l'assertion est détruite, sa forme *dubitative* n'en reste pas moins comme preuve de la disposition barbare où étaient les esprits.

Dans une chambre du 4e, un homme armé d'un sabre se présente, des menaces de mort à la bouche; il tombe, et près de lui deux femmes sont épargnées. Un autre, faute d'arme, saisit un bâton, et en frappe les soldats.

Eh bien! voyons, en supposant qu'il y ait eu deux hommes ainsi faiblement armés, ne pouviez-vous pas, sans danger, vous en saisir? Et était-ce une raison pour que vous, *en force*, vous les tuassiez impitoyablement? Mais à qui persuaderez-vous, après des récits déjà si suspects, qu'il soit vraisemblable que deux hommes, en face de vingt fusils dirigés sur leur poitrine, aient eu la pensée de frapper des soldats? Ne savaient-ils pas que, contre le nombre, ce n'est ni avec une lame, ni avec un frêle bâton, qu'on défend sa vie, mais en la mettant à merci, en demandant quartier? Est-ce que déjà votre conduite aux étages inférieurs leur aurait donné le droit de vous croire sans entrailles?

Ces deux hommes, dont vous voulez parler, il n'est plus possible aujourd'hui de dissimuler leur nom. Ce sont les sieurs Lepère et Robiquet. Pourquoi donc, s'ils avaient été agresseurs, les soldats se seraient-ils excusés de leur meurtre? pourquoi (je ne saurais trop le répéter) auraient-ils dit à leurs épouses : « Mes pauvres petites femmes, vous êtes bien malheureuses de perdre ainsi vos maris; mais nous sommes *commandés*, *nous sommes forcés d'obéir aux ordres; nous sommes aussi malheureux que vous.* »

Ici finissent les scènes racontées par M. de Failly, et que le pouvoir a cru devoir faire publier.

Quoi! historiographe modeste, le pouvoir recule, après

la victoire, devant l'inventaire de ses richesses, de ces dépouilles opimes. Allons, allons, courage ! la besogne est bientôt finie. A l'étage supérieur, il ne reste plus que cinq cadavres : est-ce donc si peu qu'ils ne vaillent pas la peine d'être calomniés, ceux-là ?

Et pourtant, parmi eux est Louis Breffort, qu'on a dénoncé au public comme ayant fait feu de sa fenêtre ; Louis Breffort, qui, la veille, nouait avec un ami une partie de plaisir ; Louis Breffort, qui avait passé la nuit dans les bras de sa maîtresse, dans ces douces étreintes où l'ambition a pour limites une chambre ; Louis Breffort, qui, dans sa candeur, dans sa présomption de jeune homme, répondait à l'effroi de sa fiancée : « *On ne tue pas le monde comme ça je vais ; leur parler, moi !* » lui enfin qui fut trouvé demi-nu. C'est dans cet état physique, dans cette disposition d'esprit, que de sa fenêtre il aurait fait feu. Compte-t-on pour rien l'amour de cette jeune fille, qui lui aurait enlacé les bras ? Infortuné jeune homme, tu devais donc périr d'une de ces morts lugubres dont ton imagination de peintre, de poète, aimait à se repaître. J'ai vu encore (1) sur les murs, sur la porte de ta chambre, de ces scènes de martyrs, de ces supplices d'enfer, de ces tortures diaboliques, qu'à l'imitation de Callot, ton crayon fantastique et grotesque y avait tracés. Ah! que n'as-tu survécu; pourquoi ton âme n'a-t-elle pas pu traduire sur la toile tout ce qui a dû se passer en elle, quand, frappé déjà à mort, un soldat te retournait sur le dos pour te frapper encore ? Alors, ton talent s'échauffant au génie de ton maître, comme lui, témoin des discordes civiles, tu aurais doté la France

(1) Fantaisie d'artiste : Louis Breffort avait peint au noir, sur la couleur claire des murs de sa chambre et de sa porte d'entrée, une foule de petites scènes de martyrs à l'imitation de Callot.

d'un autre tableau des MISÈRES DE LA GUERRE (1). Et cependant deux siècles de civilisation vous auraient séparés.

Dans ces cadavres oubliés est aussi Bouton, le vieux soldat décoré. Vous n'en parlez pas ; ah ! faites au moins les choses décemment. Ces CINQUANTE-ET-UNE blessures reçues sous une table demandaient bien qu'on balbutiât le moindre motif, un mot d'excuse.

On y compte également Thierry, l'ami de Bouton ; Loisillon, le seul soutien de sa vieille mère ; le prudent Loisillon, qui, la veille, dans la crainte que les insurgés n'entrassent dans la maison, avait remonté un vêtement neuf de la loge au 5e étage. Admirable précaution ! il avait pensé à tout, excepté à être tué par les soldats.

Vous passez enfin sous silence le sieur Hû, frappé au moment où il présentait son enfant en signe de paix. Tué sur la place, son fils lui a survécu. Le pauvre enfant ! c'est pitié que de voir la terreur encore empreinte sur cette jeune figure de 5 ans ; puis l'activité, la souplesse, répandues dans tout le reste du corps, s'arrêter impuissantes là où le bras fracassé n'est plus qu'un moignon.

Me voilà arrivé au terme de ces détails sanglants.

Qu'on ne croie pas que je m'y sois traîné à plaisir. Mon âme en était oppressée ; mais il fallait que je prouvasse que l'autorité s'effrayait elle-même du nombre de ses victimes, et qu'elle avait peu de confiance dans ses propres paroles quand elle disait qu'en droit, pour sa conservation, un gouvernement peut *tout* faire ; qu'en fait, elle s'était soumise aux lois de l'humanité en prévenant, en empêchant, autant qu'il était en elle.

(1) On sait que Callot, dont le genre fut d'abord purement burlesque, frappé un jour et presque victime d'actes d'atrocité commis dans la guerre de Lorraine, rembrunit son talent, et grava le tableau célèbre des MISÈRES DE LA GUERRE.

Bientôt j'examinerai la première de ces questions ; des témoins vont immédiatement éclaircir la seconde.

On se rappelle la déclaration de Closmenil :

« Que, le dimanche soir 13 avril, les hommes qui commencèrent la barricade étaient tellement indécis, qu'un ouvrier en bonnet de coton noir suffit pour les disperser ; que même des pièces de bois furent reportées, par les voisins, où on les avait prises ; que, sur les six heures, quelques gamins travaillant à la barricade, une vingtaine de gardes municipaux sortis de l'impasse des Anglais ont fait une décharge sur eux ; que, sans résistance, la barricade a été aussitôt évacuée, sans que les gardes municipaux aient avancé d'un pas pour venir en prendre possession ; que, de six à huit heures du soir, la barricade s'élevait officiellement, et que les travailleurs, sans armes, aidaient les passants à la franchir ; qu'on s'étonnait hautement que l'autorité n'empêchât pas tout cela. »

Celle de la dame veuve Lepère :

« Qu'un bourgeois indigné donna un soufflet à un travailleur. »

Celle de Séraphine Brunot :

« Que tout le monde disait : « C'est singulier? pour-
» quoi laisse-t-on faire de l'ouvrage comme ça. Il n'y
» a pas de monde, ce n'est qu'une petite poignée d'ar-
» souilles. »

Celle de la dame veuve Daubigny :

« Qu'environ de onze heures et demie du soir à
« une heure du matin, la barricade était déserte. »

Or, après ces dépositions, comment croire que l'autorité a tout fait pour prévenir des suites funestes? Pourquoi, pendant quatre heures, cette inaction, ce laissez-aller inqualifiable, quand quelques soldats pouvaient tout arrêter;

quand, même à distance, ils l'ont fait, sans prendre la peine d'en profiter; quand des troupes considérables stationnaient dans les rues adjacentes; que la garde nationale elle-même y était reunie, et que, présente dans toutes ces circonstances, *ici seulement*, et pour la première fois, *elle n'a point été appelée*; quand, dès la veille, on savait, à 30 lieues de la capitale, qu'il y aurait collision le lendemain, et que ceux qu'on supposait les chefs étaient déjà arrêtés; quand le pouvoir lui-même a proclamé que, depuis la loi des associations, il était sur l'éveil et s'attendait à une explosion que cette loi devait hâter?

Dans cette conjoncture, il n'y a pas de terme moyen: il faut, ou que le pouvoir, par les voies légales, devant la cour des pairs, en présence du pays, fasse disparaître les déclarations de Closmenil, de la dame Lepère, de la dame Daubigny, de Séraphine Brunot et de tant d'autres; ou qu'il laisse à chacun le droit de penser que, la veille, en arrêtant ceux qu'il regardait comme la tête de l'émeute, il a fait assez pour que l'émeute ne le renversât pas; que le lendemain, en n'entravant pas les instruments subalternes de l'émeute, il se donnait les airs de paraître en danger, de terrifier le pays par un massacre; que, le surlendemain, quand, d'enthousiasme, sans enquête sur des faits aujourd'hui démentis, il obtenait de la chambre une ovation, quand il avait l'audace de demander un supplément d'armée, il jetait le masque pour se transformer en gouvernement militaire. Ah! viendra le jour où l'histoire, dont le propre est de résumer par une seule image toute une grande catastrophe, dira: «Le 15 avril 1834, les acclamations de la cour avaient pour écho les pleurs, les imprécations de la rue Transnonain, et le bruit des marteaux clouant douze cercueils.»

C'est sous de tels auspices que peut alors se présenter cette grande question : « Est-il vrai que, pour se conserver, un gouvernement puisse indistinctement tout faire? » ou d'une manière plus pratique : « Est-il permis, au cas où dans une maison se trouvent ou se réfugient des insurgés, de tout y exterminer sans examen, sans formalités? »

Je n'ai pas besoin d'en faire sentir l'importance. Les catastrophes de Lyon et de Paris l'expliquent assez ; et qui sait si l'avenir n'en a pas d'autres dans son sein?

Entre tous les publicistes qui l'ont traitée, on comprendra facilement pourquoi je préfère M. Guizot. Voyons, quand il était peuple, comment s'exhalait son indignation :

« J'ai entendu dire plus d'une fois, s'écriait-il (1), que les gouvernements avaient le droit de tout faire pour se conserver.

» MAXIME ATROCE ET IMPIE, qui donne aux ennemis du gouvernement le droit de tout faire pour l'attaquer, et qui détruit l'état de société pour mettre à sa place l'état de guerre. JE NE SACHE PAS DE TYRANNIE A QUI CETTE MAXIME NE SUFFISE PLEINEMENT.

» Qu'il me soit permis de le dire en passant, ajoute M. Guizot, il est des hommes qui, en maniant le pouvoir, se croient habiles parce qu'ils se résignent sans peine à la nécessité du mal. Peut-être sont-ils entrés dans les affaires avec l'intention, je dirai plus, avec le goût de la justice. Des difficultés se sont rencontrées. Contre ces difficultés ils ont fait des fautes ; ces fautes ont amené des difficultés nouvelles. *Ils ont eu recours à la force matérielle dont ils disposent pour échapper aux écueils où leur raison avait échoué.* Dès lors *le goût de la force les gagne*, et ils disent qu'ils ont gagné de l'expérience ; ils appellent cela *entrer*

(1) *Des conspirations et de la justice politique*, par M. Guizot, p. 22.

dans la pratique, comprendre les choses et les hommes. Auparavant, ils étaient jeunes, ils rêvaient des chimères; maintenant ils savent le monde et possèdent l'art de gouverner. *Eternelle insolence de la nature humaine! La seule expérience qu'ils aient acquise est celle de leur faiblesse, et ils s'en prévalent comme d'un progrès dans la science du pouvoir.*

» Inhabile, le pouvoir est poltron. POLTRON, LE POUVOIR EST VIOLENT. POUSSÉ DE L'INHABILETÉ A LA PEUR, DE LA PEUR A LA VIOLENCE, IL N'A DE RESSOURCES QUE DANS L'INIQUITÉ. Les complots LUI SONT NÉCESSAIRES pour légitimer ses craintes, et pour lui procurer, PAR LE CHATIMENT, LA FORCE QUE LUI ONT FAIT PERDRE SES FAUTES(1). »

Admirable morceau !!!

Prétendrait-on cependant qu'il contient un sophisme? que la première loi d'un gouvernement est de vivre quand même? Entrons alors dans le droit positif, et voyons si, comme la vie humaine, celle des états n'est pas, en cas de perturbation dans leur économie, subordonnée à de sévères prescriptions.

La constitution de 1791, art. 2, pose le principe : « Si des troubles agitent tout un département, le roi donnera, sous la responsabilité de ses ministres, les ordres nécessaires pour l'exécution des lois et le rétablissement de l'ordre.»

L'article 4 de la loi du 1er germinal an 3 dispose qu'en cas de révolte, il ne pourra être fait feu sur les citoyens qu'après que trois sommations auront été faites par le *magistrat civil*, revêtu des marques de ses fonctions.

L'article 359 de la constitution du 5 fructidor an 3 établit que la maison de chaque citoyen est un asyle invio-

(1) « *La légalité actuelle nous tue* », a dit M. Viennet, à la séance de la chambre des députés du 23 mars 1834.

lable ; que, pendant la nuit, nul n'a le droit d'y entrer; que, pendant le jour, on peut exécuter les ordres *des autorités constituées.*

L'article 100 du Code pénal est ainsi conçu : « Il ne sera prononcé aucune peine pour le fait de sédition contre ceux qui, ayant fait partie des bandes, se seront retirés au premier avertissement des autorités civiles ou militaires, ou même depuis, lorsqu'ils auront été saisis *sans opposer de résistance et sans armes.* »

On le voit, soit que la révolte, l'insurrection, ait lieu à l'intérieur d'une maison, soit qu'elle éclate à l'extérieur, jamais la force ne pourra être employée sans que, par des sommations réitérées, *le magistrat civil* ait mis en demeure de se retirer.

La loi, en effet, n'a pu prendre des mesures de rigueur que contre les véritables perturbateurs; elle a pensé qu'un citoyen peut se trouver dans un foyer d'insurrection accidentellement et sans mauvaise intention. Elle n'a pas voulu enfin que nous revinssions aux temps où, de plein pouvoir, on déclarait des communes ou des provinces coupables en masse, où l'on prononçait solidarité contre tous, et où l'on décimait ensuite ?

Est-ce ainsi, je le demande, que, dans la rue Transnonain, se sont passées les choses ? est-ce d'après ces règles que l'autorité s'est conduite ? A quel moment y est-elle apparue ? Où sont ses procès-verbaux, où sont les témoignages impartiaux qu'elle pourrait administrer ?

Si elle n'a pas fait son devoir, le militaire a-t-il mieux connu et rempli le sien,

Ce devoir, quel est-il? Il est tracé dans l'article 112 de la constitution du 24 juin 1793 : « *La force publique*, y est il dit, *employée pour maintenir l'ordre et la paix dans l'intérieur n'agit que sur* LA RÉQUISITION PAR ÉCRIT *des autorités constituées.* »

L'article 4 de la loi du 21 brumaire an 5 en est le complément : « *Tout militaire convaincu d'avoir attenté à la vie de l'habitant non armé, à celle de sa femme ou de ses enfants, en quelque pays et lieu que ce soit, sera puni de mort.* »

De là la conséquence que les militaires ne font partie ni du pouvoir exécutif, ni du pouvoir législatif, ni du pouvoir judiciaire; qu'ils ne sont qu'un instrument prêtant main-forte à l'autorité exécutive ; qu'ils ne peuvent jamais agir que par elle, ou avec elle, mais sur un ordre formel. Voilà la loi.

Militaires, l'avez-vous suivie ?

Avez-vous, pour justifier ce massacre, un ordre écrit à produire? Si vous ne l'avez pas, la loi de l'an 5 a parlé, c'est la mort qu'elle prononce.

Militaires ! c'est en vain que, pour vous soustraire à cette responsabilité, vous invoqueriez la perplexité où, dans ces crises, vous placent votre cœur et les exigences de la discipline. Il est temps de réduire ce lieu commun à sa juste valeur.

Votre rôle, voyez-vous, est moins difficile à tenir qu'on ne se plaît à vous le répéter. Supposez en effet que vous ne soyez que les instruments aveugles d'une obéissance passive: dans ce cas même, dès qu'un ordre inaccoutumé, extraordinaire, vous est transmis, exigez un mandat écrit, vous êtes *dans votre droit.* Si l'ordre est illégal, soyez-en convaincus, l'autorité s'arrêtera du moment où elle ne pourra plus, d'une manière générale, rejeter sur votre impétuosité ses exécutions sanglantes.

L'autorité insiste-t-elle, l'ordre écrit est-il donné: aux yeux du pays déjà votre responsabilité sera moins engagée.

Cet ordre, malgré tout, vous paraît-il inhumain, antinaturel : c'est alors que commence pour chacun de vous, à quelque rang qu'il soit placé, la liberté de conscience, la faculté de s'abstenir.

Ah! redoutez moins les conseils de guerre que l'exécration du pays : devant ces conseils vous comparaîtrez assistés par l'opinion publique; il y a mieux, vous y comparaîtrez sous le patronage des paroles prononcées par M. Persil, devant la cour des pairs, dans le procès des ministres de Charles X.

« Un chef d'escadron, disait-il, commande à un jeune officier d'un régiment de ligne de tirer sur le peuple, et, sur son refus, lui montre un papier où était écrit cet ordre fatal! L'officier casse son épée. Honneur, s'écrie M. Persil, à ce jeune Français! Comme Montmorin et le vicomte d'Orthe, il comprit les bornes de l'obéissance passive. Il sut servir l'humanité et son pays, en refusant un acte de froide cruauté que son cœur désavouait. »

Et les tribunes d'applaudir à ce langage.

Dira-t-on que cette doctrine est contraire à la constitution, qu'elle est subversive de toute autorité!

Contraire à la constitution! et comment?

La constitution porte bien que les corps armés ne pourront délibérer, ce qui s'entend que les membres qui les composent ne pourront se réunir en corps, s'agglomérer pour prendre des résolutions *générales*, mais ce qui ne veut pas dire que chaque membre *isolément* n'aura pas le droit, dans les occurences graves, d'obéir à ses scrupules; que le citoyen, libre avant la conscription, libre après, cessera de l'être pendant huit ans, quand la constitution porte sans distinction : « *La liberté de conscience est garantie*; » ce qui, enfin, ne peut pas vouloir signifier que, quand on dira au soldat : « Tue ton père, tue ton frère, » il doive aveuglément obéir; car il n'est pas de pouvoir humain qui puisse se porter sa caution devant celui qui juge toutes les consciences.

Il n'y aurait plus d'autorité possible.

Pourquoi? Ou les soldats qui croiront devoir s'abstenir dans ces circonstances rares seront peu nombreux, alors le pouvoir y perdra peu, et un principe sacré sera au moins respecté; ou, s'ils sont en grand nombre, il faudra alors que le pouvoir soit tombé bien bas pour ne plus trouver de sympathie parmi ceux-là mêmes sur lesquels les promesses d'avancement doivent lui conserver tant d'influence.

Qu'on ne craigne pas du reste les conséquences de cette théorie en cas de guerre étrangère : alors qu'il s'agira de gloire pure, de nationalité, la pensée sera commune; la conscience, l'intérêt, les souvenirs du soldat, lui diront qu'il doit obéir.

Militaires! voilà vos droits posés bien nettement. Sachez-le donc, destinés à protéger le citoyen, votre semblable, vous n'avez jamais qualité pour le juger. En agissant ainsi que vous l'avez fait rue Transnonain, on vous criera toujours : « Vous vous êtes constitués tout à la fois dénonciateurs, témoins, juges de première instance et d'appel, juges prévôtaux extraordinaires, et exécuteurs de vos décisions. » — Cumul monstrueux, qui nous replongerait dans l'état de barbarie!

Ces principes furent en 1819, lors de la mort du jeune Lallemant, poursuivis en la personne de M. Bavoux. La restauration leur trouvait apparemment une bien grande vertu, puisqu'elle crut devoir les traduire en cour d'assises. Ils furent, on se le rappelle, approuvés par le jury. Est-ce donc étonnant, puisque, à part leur justesse intrinsèque, ils avaient pour organe MM. Dupin aîné et Persil.

Ce ne fut pas la seule circonstance qui les vit appliquer. En 1827, lors des troubles de la rue Saint-Denis, la cour royale de Paris évoqua l'instruction; l'arrêt qui en fut le résultat décida que les décharges faites par la troupe *sur les assaillants*, sans sommations préalables, sans *magistrats civils* en tête, étaient illégales et criminelles; que les chefs militaires qui avaient agi ainsi *sans ordres écrits* avaient forfait à leur devoir. Seulement, l'administration étant parvenue à dissimuler les noms des coupables, en fait, l'arrêt ne put recevoir son exécution.

Ainsi, politique transcendante, législation écrite, jurisprudence, concourent à démontrer que, dans l'état actuel de société, un gouvernement a d'autres règles de conduite que son arbitraire, et que, pour sa conservation même, il ne peut employer la force matérielle qu'avec les garanties imposées par la loi.

Dois-je, en terminant, examiner cette bannale excuse du pouvoir, qu'il ne peut agir que par les lois de la guerre contre ceux-là qui s'attaquent à lui par la guerre?

Sous ce point de vue, qui, on le sent, n'est pas le vrai, puisque des témoins ont établi que l'autorité aurait cherché le combat *en laissant sciemment construire la barricade,* sous ce point de vue encore le pouvoir serait condamnable, d'après les règles posées par les publicistes de tous les temps et de tous les pays.

Ouvrons Grotius et Burlamaqui. Que disent-ils? « Qu'on ne doit, de propos délibéré, ôter la vie ni aux prisonniers de guerre, *ni à ceux qui demandent quartier, ni à ceux qui se rendent, moins encore aux vieillards, aux femmes et aux enfants,* en général à aucun de ceux qui ne sont ni d'un âge, ni d'une profession, ni d'un sexe à porter les armes (1). »

Blackstone tient le même langage. « Suivant la loi de la nature et des nations, le droit de tuer son ennemi après le combat n'appartient point au vainqueur (2). »

(1) Burlamaqui, tome 5, page 128, *Des droits que donne la guerre sur la personne des ennemis.*

(2) Blackstone, tome 2, chap. 6, page 129.

Enfin, écoutons Montesquieu : « Tout le droit que la guerre peut donner sur les captifs est de s'assurer tellement de leurs personnes qu'ils ne puissent plus nuire.

« *Les homicides faits de sang-froid par les soldats, et après la chaleur de l'action, sont rejetés de toutes les nations du monde* (1). »

Je disais donc que le pouvoir était condamné par les lois mêmes de la guerre qu'il invoquait : car, s'il prétend, bien que faussement, qu'il ait été provoqué aux meurtres de l'entresol, du second et du quatrième étage, il n'ose même point hasarder un tel prétexte pour les assassinats commis à l'étage supérieur.

Mais c'en est assez de faits, de discussion et de principes. Je prenais mes aises, je mesurais des mots, comme si chaque minute ne consacrait point une immense injustice, comme si ces cadavres ne se putréfiaient pas avant d'avoir obtenu vengeance.

Voyons, en prenant la plume, quel était mon but.

Apprendre à la cour des pairs, au pays, que, dans le simulacre d'instruction qui se suit, on n'oublie qu'une chose, d'entendre les témoins à charge, qui depuis trois mois sollicitent cette faveur ;

M'armer de leurs dépositions pour prouver que le massacre de la rue Transnonain n'a pas été montré sous son véritable jour ; qu'il y a là des mémoires qui demandent réhabilitation.

Ce but, l'ai-je atteint ?

Si les déclarations qui m'ont été remises sont sincères, et à cet égard j'attends avec sécurité la preuve contraire ;

Si les principes que j'ai posés sont vrais,

Il en est résulté :

Que le gouvernement, POUR AVOIR, comme le disait

(1) Montesquieu, liv. 15, chap. 2.

M. GUIZOT, L'OCCASION DE SE PROCURER PAR LES CHATIMENTS LA FORCE QUE LUI ONT FAIT PERDRE SES FAUTES, a laissé élever une barricade qu'il pouvait empêcher;

Qu'aucun coup de feu n'a été tiré, ni à l'extérieur, ni à l'intérieur de la maison n° 12;

Que les soldats y sont entrés après le combat, sans exaltation possible;

Que les attentats qu'ils y ont commis ne l'ont point été pour leur propre défense, mais en vertu d'ordres donnés;

Qu'en supposant même qu'il y ait eu agression, dans cette hypothèse encore l'autorité, en faisant indistinctement et sans aucune formalité égorger des citoyens paisibles, aurait attenté à la constitution.

Telle est l'accusation grave qui, de la tombe, s'élève contre le pouvoir.

Le pouvoir y répondra-t-il?

Enorgueilli de sa victoire récente, de l'assentiment que le pays, trompé sur ces faits, vient de lui prêter, ne se dira-t-il pas que plus de trois mois se sont passés sans qu'une voix pieuse se soit élevée pour les morts, qu'en France le peuple est léger et oublieux?

Que le pouvoir ne s'y méprenne pas: oublieux des affaires du jour et de la veille, ce n'est qu'à mesure qu'il s'éloigne des grands événements que le peuple les comprend et les retient davantage. Il faut le temps que la réaction s'opère; mais c'est alors que, mieux éclairé, il se lève, et que, dans sa colère, il arrache aux rois de ces cris de remords que poussait Théodose après le massacre de Thessalonique. «*Plût à Dieu, disait-il, que je pusse aujourd'hui ressusciter les morts qui m'accusent!!!*»

LEDRU-ROLLIN.

Paris, 23 juillet 1834.

www.ingramcontent.com/pod-product-compliance
Ingram Content Group UK Ltd.
Pitfield, Milton Keynes, MK11 3LW, UK
UKHW020428230726
13925UKWH00004B/1657

9 782014 036558